PAIDEIA EDUCATION

MIXTE
Papier issu de sources responsables
Paper from responsible sources
FSC® C105338

GUSTAVE FLAUBERT

Madame Bovary

Analyse littéraire

© Paideia éducation.

1 rue Honoré - 93500 Pantin.

ISBN 978-2-7593-1594-9

Dépôt légal : Octobre 2022

Impression Books on Demand GmbH
In de Tarpen 42

22848 Norderstedt, Allemagne

SOMMAIRE

• Biographie de Gustave Flaubert.................................. 9

• Présentation du roman.................................... 13

• Résumé de l'œuvre.................................... 17

• Les raisons du succès.................................... 25

• Les thèmes principaux.................................... 29

• Étude du mouvement littéraire.................................... 33

• Dans la même collection.................................... 37

BIOGRAPHIE DE GUSTAVE FLAUBERT

Né le 12 décembre 1821 à l'hôtel-Dieu de Rouen, où son père est chirurgien-chef, Gustave Flaubert est l'un des plus grands écrivains du XIXe siècle. À dix ans, Flaubert écrit déjà un *Éloge de Corneille*. En 1832, il entre en 8e au collège de Rouen. Il s'intéresse au théâtre, rêve d'écrire des pièces. Deux ans plus tard, il rencontre Louis Bouilhet, et commence à écrire des récits historiques et littéraires pour ses professeurs. En 1836, il écrit de nombreux contes. L'été de la même année, il rencontre Élisa Schlésinger à Trouville, qui inspirera partiellement Mme Arnoux dans *L'Éducation sentimentale*.

En 1837, dans *Le Colibri* paraît sa première publication, « Une leçon d'histoire naturelle, genre commis ». Mais il écrit également beaucoup de récits, y compris ses premiers récits autobiographiques : *Mémoires d'un fou* (1838), sa première esquisse de *La Tentation de Saint Antoine* (1839). En 1839, Flaubert prépare le baccalauréat chez lui. Il s'inscrit à la faculté de droit à Paris en 1841.

En 1843, il commence la première *Éducation sentimentale* qu'il achève en 1845. Pendant cette période, Flaubert renonce à ses études et s'installe avec sa famille à Croisset, au bord de la Seine. Après les morts de son père et de sa sœur en 1846, il fait un voyage en Bretagne, après lequel il entreprend *La Tentation de Saint Antoine*. En 1849, Flaubert part pour l'Orient avec son ami Du Camp et pendant les deux années suivantes, il voyage en Égypte, au Liban, en Palestine, à Constantinople, en Grèce, et en Italie.

Le 19 septembre 1851, après le retour de ce grand voyage, il commence *Madame Bovary*. Cinq ans après, il l'achève et *Madame Bovary* est publié dans *La Revue de Paris*. La même année, il rédige une deuxième version de *La Tentation de Saint Antoine*, qui est paru dans la revue *L'Artiste*. En 1857, Flaubert a publié son *Madame Bovary* chez Michel Lévy. En même temps, il commence à écrire *Salammbô*. De 1859 à 1862, il rédige *Salammbô* et le roman est paru aussi chez Michel Lévy en novembre 1862. Le 1er septembre 1864, il commence *L'Éducation sentimentale* après avoir hésité entre ce sujet et celui de *Bouvard et Pécuchet*. *L'Éducation sentimentale* est publiée en 1869 chez Michel Lévy. En 1870, Flaubert subit une année malheureuse : il est mal portant. Les prussiens logent à Croisset en novembre.

En 1874, il travaille à *Bouvard et Pécuchet* et publie *La Tentation de Saint Antoine* chez Charpentier. En 1875, Flaubert vend une partie de ses biens pour sauver de la faillite le mari de sa nièce. Il interrompt *Bouvard et Pécuche*t et commence à rédiger les *Trois Contes* qui sont achevés et publiés chez Charpentier deux ans plus tard, puis Flaubert se remet à l'écriture de *Bouvard et Pécuchet*.

En 1880, le 8 mai, Flaubert meurt d'une hémorragie cérébrale. *Bouvard et Pécuchet*, inachevé, est publié dans *La Nouvelle Revue* le 15 décembre 1880.

PRÉSENTATION
DU ROMAN

Madame Bovary, sous-titré *Mœurs de province*, est publié à Paris en feuilleton dans *La Revue de Paris* du 1er octobre au 15 décembre 1856, et en volume chez Michel Lévy en 1857. Avant la rédaction de ce roman, Flaubert voyage en Orient, de 1849 à 1851. Dès son retour, il se consacre à *Madame Bovary* qu'il rédige entre septembre 1851 et avril 1856. La rédaction de *Madame Bovary* est beaucoup plus longue que Flaubert ne l'a prévu. Avant la parution de son roman, il doit comparaître devant la justice car son roman est trop polémique pour l'époque. Finalement, Flaubert est acquitté, mais atterré par cette affaire, il songe à interdire la publication de son ouvrage. Pressé par son éditeur, il accepte tout de même que *Madame Bovary* paraisse. Le roman remporte un grand succès de vente.

RÉSUMÉ DE L'ŒUVRE

Première partie

Chapitre 1

Présentation de Charles Bovary : d'un garçon de quinze ans au Collège de Rouen à un très médiocre étudiant de médecine dans la même ville. Il a cependant réussi à passer l'examen d'officier de santé, après un premier échec. Il s'installe à Tostes et épouse une veuve de quarante-cinq ans, qui est laide mais qui possède des biens.

Chapitre 2

Première rencontre de Charles et d'Emma Rouault. Charles est appelé une nuit d'hiver à la ferme des Bertaux parce que le Père Rouault, le maître des lieux, assez aisé, vient de se casser la jambe. Charles est sensible au charme d'Emma, fille du Père Rouault. Au début du printemps, la veuve meurt brusquement. La vie conjugale de Charles s'achève.

Chapitre 3 – 6

Peu après, Charles prend conscience de son amour pour la jeune Emma et il la demande en mariage. La noce est fixée au printemps suivant après une préparation pendant l'hiver. Après la nuit de noce, les deux époux retournent à Tostes. Mais la réalité de la vie de médecin ne correspond pas du tout à ce qu'Emma a lu dans ses livres. Sous l'influence de la littérature, la jeune Mme Bovary rêve d'une vie sentimentale passionnée.

Chapitre 7 – 9

La vie conjugale d'Emma est monotone jusqu'à une invitation du Marquis d'Andervilliers pour les deux époux à un bal à la Vaubyessard. Emma découvre alors un autre monde, et se trouve émerveillée. Dès leurs retours à Tostes, les songes d'Emma ne peuvent plus s'effacer. Ce qu'elle vient de vivre offre un nouvel aliment à l'imagination d'Emma. Rien ne peut assouvir ses vagues désirs et envies. On lui trouve une maladie nerveuse. Charles décide de faire déménager le couple pour Yonville.

Deuxième partie

Chapitre 1 – 4

À Yonville, les époux y rencontrent Homais le pharmacien, Binet le percepteur, et le curé Bournisien. Pendant l'entretien du pharmacien et de l'officier de santé, Emma partage son repas à l'auberge du Lion d'Or, avec le clerc du notaire, Léon Dupuis. Ils engagent une conversation romantique où ils se confient et découvrent leurs goûts communs. Peu après, Emma donne naissance à une fille, nommée Berthe. La petite est mise en nourrice chez Mme Rollet. La femme du maire, Mme Tucache, s'aperçoit qu'Emma va voir sa fille au bras de Léon. La vie à Yonville se poursuit avec une monotonie, mais cependant, Léon voudrait déclarer sa flamme à Emma. Sa timidité l'en empêche.

Chapitre 5 – 6

Emma a eu l'occasion d'opposer la platitude de Charles au charme du jeune homme. Elle comprend bien qu'elle en

est amoureuse mais elle souffre d'orgueil et désir rester ver-
tueuse. Emma se rend à l'église pour recourir à l'aide du curé.
En même temps, Léon est en proie à une certaine mélancolie
et il décide de partir pour Paris. Il vient faire ses adieux à
Emma. La nuit de son départ, Homais annonce que les comices agricoles auront lieu à Yonville.

Chapitre 7 – 9

Après le départ de Léon, les mauvais jours de Tostes re-
commencent. Un jour de marché, Rodolphe Boulanger, le
nouveau châtelain de la Huchette, entre en contact avec les
Bovary. En trouvant Emma très jolie, Rodolphe décide de la
séduire. Il n'attend que la solennité des comices pour s'arran-
ger pour être seul avec Emma au premier étage de la mairie.
Aux premiers jours d'octobre, Rodolphe reparaît et il décide
de reprendre son rôle d'amant. Charles propose que sa femme
fasse une promenade à cheval pour améliorer sa santé. Emma
part donc une journée entière faire une promenade en compagnie de Rodolphe. Dans la forêt, Emma s'abandonne à son
compagnon et les rendez-vous de ces deux amants deviennent
quotidiens.

Chapitre 10

Pendant l'hiver, les rendez-vous se font sous la tonnelle
du jardin des Bovary. Mais Rodolphe se lasse finalement.
Emma, au début du printemps, prend enfin conscience du
sentiment douloureux qu'elle ressent à cause de son attitude.
En recevant une lettre naïve et charmante de son père, elle se
dit qu'elle voudrait revenir à son mari.

Chapitre 11

Charles est convaincu par Homais et Emma d'opérer de son pied, Hippolyte le garçon d'écurie du Lion d'Or. L'opération se passe bien mais les complications surviennent vite, la cuisse d'Hippolyte doit être amputée. Mme Bovary ressent beaucoup de déception devant cette triste fatalité, et elle retrouve Rodolphe avec ardeur.

Chapitre 12 - 13

Emma s'engage de plus en plus financièrement pour son amant, donnant une emprise sur elle à Lheureux par les dettes qu'elle contracte pour offrir des cadeaux à Rodolphe. Emma propose un projet de fuite à Rodolphe qui acquiesce celui-ci. Mais il sait déjà qu'il ne partira pas avec Emma et sa fille. Rodolphe écrit une lettre à Emma pour justifier sa décision. Après la lecture de cette lettre, Emma est attaquée par une fièvre cérébrale. Elle reste au lit jusqu'au milieu d'octobre.

Chapitre 14 – 15

Lheureux, un commerçant avisé, se montre de plus en plus menaçant auprès d'Emma, qui a contracté beaucoup de dettes auprès de lui. Charles doit emprunter l'argent pour rembourser les dépenses engagées par sa femme. Emma reçoit des visites du curé et elle décide de devenir une sainte. Mais ces velléités s'arrêtent après une conversation avec le curé sur la moralité du théâtre. Homais suggère aux Bovary d'aller à Rouen assister au spectacle. À l'entracte, Charles rencontre par hasard Léon. Le clerc vient saluer Emma et il s'arrange pour faire rester la jeune fille un jour de plus à Rouen.

Troisième partie

Chapitre 1

Une conversation s'engage entre les deux personnages pour évoquer leur rencontre à Yonville. Léon obtient un nouveau rendez-vous le lendemain. Mais Emma se ravise après le départ du jeune homme. Elle veut écrire à Léon mais ne connaît pas son adresse. Le lendemain, Emma arrive enfin. Léon propose une promenade en fiacre à Madame Bovary.

Chapitre 2 – 4

Justin, l'aide de l'apothicaire, a commis une faute grave, il a pris une bassine dans le «capharnaüm» où son maître range l'arsenic. Emma est informée par Homais que son beau-père est mort. Pendant la préparation des affaires qui concerne l'enterrement, Lheureux se présente pour se faire rembourser une partie des dettes du couple. Les Bovary se rendent donc à Rouen pour consulter le clerc de notaire sur cette question des dettes qu'ils ont contractées. Emma a donc un prétexte pour séjourner trois jours à Rouen, en compagnie de Léon. Finalement, les deux amants décident de trouve une façon de se voir régulièrement. Emma fait de nouvelles dépenses auprès de Lheureux.

Chapitre 5

Emma obtient l'autorisation de son mari de quitter une fois par semaine leur ville pour se rendre à Rouen et y prendre des leçons de piano. Mais Lheureux l'aperçoit au bras de Léon. Il profite de cette situation pour pousser la jeune femme à vendre une partie de sa propriété.

Chapitre 6 – 7

Un jeudi, Emma prend la diligence pour Rouen afin de retrouver Léon. Mais elle est exaspérée. Cela ne l'empêche pas de rencontrer à nouveau Lheureux et de lui faire signer de nouveaux billets afin d'obtenir de nouveaux emprunts. Elle vend de vieilles choses, et emprunte à tout le monde. Léon est fatigué d'Emma et il s'ennuie avec elle. Madame Bovary se sent traquée. Elle a soudain l'idée de s'adresser à Rodolphe.

Chapitre 8 – 9

Rodolphe ne peut pas lui donner les 3000 francs qu'elle lui demande. Dans sa souffrance, elle a des hallucinations et elle va chez Homais pour y avaler de l'arsenic puis rentre chez elle. Après les analyses des médecins, ils constatent qu'il n'est pas possible de la sauver. Emma meurt après l'onction.

Chapitre 10 – 11

Le Père Rouault s'évanouit en voyant les draps noirs. Après la soirée de l'enterrement, tous les créanciers s'acharnent sur le pauvre Bovary. Il découvre un jour toutes les lettres de Léon pour Emma, et un autre jour il rencontre Rodolphe qui l'invite à boire au cabaret. Le lendemain, la fille de Charles et d'Emma retrouve son père mort sur le banc du jardin.

LES RAISONS DU SUCCÈS

En avril 1857, *Madame Bovary* est paru en deux volumes chez Michel Lévy. Le premier tirage de 6000 exemplaires est rapidement suivi d'un second tirage en juin. Le roman de Flaubert a tout de suite connu un grand succès public. Dès sa parution, *Madame Bovary* reçoit deux types de critique, en tant que roman novateur. Sainte-Beuve dans *Le Moniteur universel* du 4 mai 1857, juge assez favorablement le roman : « *Madame Bovary* est un livre avant tout, un livre composé, médité, où tout se tient, où rien n'est laissé au hasard de la plume, et dans lequel l'auteur ou mieux l'artiste a fait d'un bout à l'autre ce qu'il a voulu. » Mais nous trouvons aussi des objections concernant le style, jugé trop descriptif et trop minutieux. Certains considèrent l'attitude de l'auteur comme trop dure et trop impersonnelle.

C'est exactement le style que Flaubert a voulu rendre. Dans une lettre à Louise Colet, Flaubert a écrit : « Le style étant à lui seul une manière absolue de voir les choses. » Avant ses trente ans, il n'a publié aucune œuvre importante. Après les lectures des grandes œuvres de l'Antiquité, Homère, et des tragiques grecs, Flaubert se met à rêver d'un style nouveau, « un style qui serait beau, que quelqu'un fera quelque jour, dans dix ans ou dans dix siècles, et qui serait rythmé comme le vers précis comme le langage des sciences… » La quête et l'élaboration de nouvelles formes artistiques est en somme son objectif.

En choisissant un sujet bourgeois, Flaubert sacrifie le lyrisme utilisé dans *La Tentation de Saint Antoine*. Il observe la société avec un dogme de l'objectivité. Madame Bovary est sous-titré « Mœurs de province ». Avec le roman réaliste, Flaubert nous décrit une peinture de la province de son époque. La qualité précieuse d'observateur de Flaubert le distingue des autres observateurs et artistes de son temps. Cela explique pourquoi *Madame Bovary* a joué un rôle indispensable dans la carrière de Flaubert mais également dans l'histoire littéraire du XIXe siècle.

LES THÈMES
PRINCIPAUX

Comme le sous-titre l'indique, *Madame Bovary* embrasse presque toutes les couches de la société provinciale de l'époque. Autrement dit, *Madame Bovary* peut aussi se lire comme un laboratoire social du XIXe siècle.

Par exemple, par la ferme des Bertaux, on pénètre dans le monde paysan. La description de la noce de Charles et Emma nous montre les différentes positions sociales et les différentes façons de se nourrir et de s'habiller. Sous la plume de Flaubert, la campagne n'est jamais idyllique : « Tous les Parisiens voient la nature d'une façon élégiaque et proprette, sans baugée de vaches et sans orties. » Cette phrase extraite d'une lettre de Flaubert représente son amour du vrai.

Nous observons aussi un contraste entre le monde paysan et le monde de l'aristocratie que le lecteur entrevoit à la Vaubyessard. Pour Emma, l'écart entre ces deux mondes est frappant. L'imagination qu'elle a pour le monde aristocratique la conduit à devenir malade. Les paysans ont peu de chance de pénétrer dans cet autre monde. En effet, l'arrière-plan politique n'est pas du tout absent dans la description du bal mais on le retrouve aussi tout au long du roman.

Le roman permet aussi de s'intéresser à l'agriculture de l'époque. Les comices, avec l'examen des animaux, les discours des autorités, les récompenses aux bêtes et aux domestiques, construisent effectivement un grand tableau agricole mais aussi des mœurs de province.

ÉTUDE DU MOUVEMENT LITTÉRAIRE

Dans les années 1830, le développement de la presse, avec la création de nouvelles revues et journaux, va profiter à la littérature. Le roman et la presse se rencontrent. Plusieurs revues se chargent d'introduire et de faire connaître les romans, selon leur genre. Par exemple, *La Revue des Deux-Mondes* prend l'habitude d'introduire des fictions narratives plus ou moins brèves : Alexandre Dumas, Balzac, Hugo, George Sand, etc. Son concurrent, *La Revue de Paris*, ne demeure d'ailleurs pas en reste : elle a mis l'accent sur l'attraction des revues et leurs contraintes matérielles. *Madame Bovary* est paru premièrement dans *La Revue de Paris*.

Ainsi, le roman-feuilleton devient un phénomène culturel de grande ampleur. En même temps, on remarque aussi d'une diversification du roman. La nouveauté se situe du côté du roman social, qui étudie surtout les mœurs de la société. En lisant les sous-titres, on peut parfaitement observer cette tendance : *Le Rouge et le Noir* de Stendhal, sous-titré *Chronique de 1830* ; *Madame Bovary* de Flaubert, sous-titré *Mœurs de province*. Petit à petit, une esthétique réaliste est définie par les œuvres. Le réalisme, qui cherche à dépeindre la réalité sociale telle qu'elle est, se lance dans le champ littéraire, dont le premier obstacle à écarter est le romantisme, qui domine la première moitié du XIXe siècle. La théorie du réalisme se forme alors dans ce contexte spécial. Par exemple, pour Stendhal, le roman est comme un miroir de la société « que l'on promène le long d'un chemin ». Chez Flaubert, on constate un « système de description obstinée », surtout dans *Madame Bovary*.

Le dogme de l'objectivité de Flaubert a une vaste influence sur la littérature française du XIXe siècle. L'ambition scientifique du romancier se retrouvera chez Zola, qui est un romancier représentant du Naturalisme. Claude Bernard s'est également inspiré par l'idée du réalisme. L'esprit du réalisme est accepté par les romanciers : ils étudient les individus, les familles, la société, en tenant compte des relations entre tous ces éléments. Malgré les influences de Flaubert sur d'autres écrivains, il a répugné à se poser en chef d'école du réalisme. Malgré ce refus, le roman *Madame Bovary* est une œuvre capitale de Flaubert qui a inspiré bon nombre d'autres romans.

DANS LA MÊME COLLECTION
(par ordre alphabétique)

- **Anonyme**, *La Farce de Maître Pathelin*
- **Anouilh**, *Antigone*
- **Aragon**, *Aurélien*
- **Aragon**, *Le Paysan de Paris*
- **Austen**, *Raison et Sentiments*
- **Balzac**, *Illusions perdues*
- **Balzac**, *La Femme de trente ans*
- **Balzac**, *Le Colonel Chabert*
- **Balzac**, *Le Lys dans la vallée*
- **Balzac**, *Le Père Goriot*
- **Barbey d'Aurevilly**, *L'Ensorcelée*
- **Barbey d'Aurevilly**, *Les Diaboliques*
- **Bataille**, *Ma mère*
- **Baudelaire**, *Les Fleurs du Mal*
- **Baudelaire**, *Petits poèmes en prose*
- **Beaumarchais**, *Le Barbier de Séville*
- **Beaumarchais**, *Le Mariage de Figaro*
- **Beauvoir**, *Mémoires d'une jeune fille rangée*
- **Beckett**, *Fin de partie*
- **Brecht**, *La Noce*
- **Brecht**, *La Résistible ascension d'Arturo Ui*
- **Brecht**, *Mère Courage et ses enfants*
- **Breton**, *Nadja*
- **Brontë**, *Jane Eyre*
- **Camus**, *L'Étranger*
- **Carroll**, *Alice au pays des merveilles*
- **Céline**, *Mort à crédit*
- **Céline**, *Voyage au bout de la nuit*

- **Chateaubriand**, *Atala*
- **Chateaubriand**, *René*
- **Chrétien de Troyes**, *Perceval*
- **Cocteau**, *Les Enfants terribles*
- **Colette**, *Le Blé en herbe*
- **Corneille**, *Le Cid*
- **Crébillon fils**, *Les Égarements du cœur et de l'esprit*
- **Defoe**, *Robinson Crusoé*
- **Dickens**, *Oliver Twist*
- **Du Bellay**, *Les Regrets*
- **Dumas**, *Henri III et sa cour*
- **Duras**, *L'Amant*
- **Duras**, *La Pluie d'été*
- **Duras**, *Un barrage contre le Pacifique*
- **Flaubert**, *Bouvard et Pécuchet*
- **Flaubert**, *L'Éducation sentimentale*
- **Flaubert**, *Madame Bovary*
- **Flaubert**, *Salammbô*
- **Gary**, *La Vie devant soi*
- **Giraudoux**, *Électre*
- **Giraudoux**, *La Guerre de Troie n'aura pas lieu*
- **Gogol**, *Le Mariage*
- **Homère**, *L'Odyssée*
- **Hugo**, *Hernani*
- **Hugo**, *Les Misérables*
- **Hugo**, *Notre-Dame de Paris*
- **Huxley**, *Le Meilleur des mondes*
- **Jaccottet**, *À la lumière d'hiver*
- **James**, *Une vie à Londres*
- **Jarry**, *Ubu roi*
- **Kafka**, *La Métamorphose*
- **Kerouac**, *Sur la route*
- **Kessel**, *Le Lion*

- **La Fayette**, *La Princesse de Clèves*
- **Le Clézio**, *Mondo et autres histoires*
- **Levi**, *Si c'est un homme*
- **London**, *Croc-Blanc*
- **London**, *L'Appel de la forêt*
- **Maupassant**, *Boule de suif*
- **Maupassant**, *Le Horla*
- **Maupassant**, *Une vie*
- **Molière**, *Amphitryon*
- **Molière**, *Dom Juan*
- **Molière**, *L'Avare*
- **Molière**, *Le Malade imaginaire*
- **Molière**, *Le Tartuffe*
- **Molière**, *Les Fourberies de Scapin*
- **Musset**, *Les Caprices de Marianne*
- **Musset**, *Lorenzaccio*
- **Musset**, *On ne badine pas avec l'amour*
- **Perec**, *La Disparition*
- **Perec**, *Les Choses*
- **Perrault**, *Contes*
- **Prévert**, *Paroles*
- **Prévost**, *Manon Lescaut*
- **Proust**, *À l'ombre des jeunes filles en fleurs*
- **Proust**, *Albertine disparue*
- **Proust**, *Du côté de chez Swann*
- **Proust**, *Le Côté de Guermantes*
- **Proust**, *Le Temps retrouvé*
- **Proust**, *Sodome et Gomorrhe*
- **Proust**, *Un amour de Swann*
- **Queneau**, *Exercices de style*
- **Quignard**, *Tous les matins du monde*
- **Rabelais**, *Gargantua*
- **Rabelais**, *Pantagruel*

- **Racine**, *Andromaque*
- **Racine**, *Bérénice*
- **Racine**, *Britannicus*
- **Racine**, *Phèdre*
- **Renard**, *Poil de carotte*
- **Rimbaud**, *Une saison en enfer*
- **Sagan**, *Bonjour tristesse*
- **Saint-Exupéry**, *Le Petit Prince*
- **Sarraute**, *Enfance*
- **Sarraute**, *Tropismes*
- **Sartre**, *Huis clos*
- **Sartre**, *La Nausée*
- **Senghor**, *La Belle histoire de Leuk-le-lièvre*
- **Shakespeare**, *Roméo et Juliette*
- **Steinbeck**, *Les Raisins de la colère*
- **Stendhal**, *La Chartreuse de Parme*
- **Stendhal**, *Le Rouge et le Noir*
- **Verlaine**, *Romances sans paroles*
- **Verne**, *Une ville flottante*
- **Verne**, *Voyage au centre de la Terre*
- **Vian**, *J'irai cracher sur vos tombes*
- **Vian**, *L'Arrache-cœur*
- **Voltaire**, *Candide*
- **Voltaire**, *Micromégas*
- **Zola**, *Au Bonheur des Dames*
- **Zola**, *Germinal*
- **Zola**, *L'Argent*
- **Zola**, *L'Assommoir*
- **Zola**, *La Bête humaine*
- **Zola**, *Nana*
- **Zola**, *Pot-Bouille*